DE ESCLAVOS A ESTÓICOS DESNUDOS

INDICE

PRÓLOGO

Hemos empezado a vivir de una manera indolente. El planeta es desangrado poco a poco por los hijos que sostuvo en su seno durante milenios. Convertidos en verdaderos depredadores, incluso de los suyos; acabaron con los vestigios de una humanidad sencilla que se conformaba y sobrevivía con poco. Hoy, obligados a existir sin esperanza, no queda más remedio que hincar la rodilla ante nuestros nuevos reyes todopoderosos: gobierno y empresa, escuchando el discurso de payasos que prometen cambios importantes para la ilusoria resolución de nuestros problemas más evidentes.

Murieron los verdaderos rebeldes, quienes con sus actos liberaron al hombre de sus yugos y cambiaron una realidad atroz que aquejó nuestra especie desde sus inicios. Nos dieron muchas libertades, pero fueron libertades a medias.

Un sistema que creímos muerto se camufló entre la euforia de los pueblos supuestamente libres y continuó haciéndose más fuerte. Las formas de explotación no murieron con los gritos de independencia o con la concesión de los derechos a los pueblos; todo lo contario, cobraron nuevas fuerzas, mutaron y se acoplaron a las necesidades actuales; simplemente cambiaron de forma instaurando un sistema aún más fuerte que su antecesor; uno que está depredando todo a su paso, mientras secuestra las mentes de las personas al mantenerlos en una falsa comodidad, usándolas en su propio beneficio.

Ahora los hombres se esconden temerosos, dudando sobre cada acto que realizan; pensar, actuar y hablar con libertad es un delito grave aunque nos hagan creer lo contrario.

Cabe advertir que este libro no es universal, su contenido es divergente; se opone a muchos condicionamientos que son denunciados a diario por el individuo que se empina para buscar una nueva verdad más allá del muro que la oculta. Busca calar en las mentes inquietas, inconformes con la realidad inmediata; aquellas que comparten una misma idea sobre las descomposiciones dentro de la sociedad actual.

Si usted se encuentra conforme con su vida y encuentra normal las actividades que sostienen la organización social y económica vigente, seguramente disentirá del contenido del libro, y eso está bien, pues no hay verdades completas. La finalidad de la existencia parece ser la búsqueda de la realización del ser en su paso por la vida, de la forma como él crea que lo conseguirá. Hay quienes aceptan dichosos sus realidades y se mantienen indiferentes a las de su entorno aunque aparezca dañino para sí y sus congéneres; pero existen otros que se oponen a todo aquello que amenace el bienestar humano y en la actualidad parece que muchas cosas lo hacen y pocos se atreven a oponerse.

Esta es una invitación para volver a lo sencillo, para llevar a su mínima expresión las actividades del individuo descubriendo que con ello mejora su bienestar en los diferentes ámbitos de su existencia. Como diría Thoreau en su obra Walden, o La vida en los bosques:

"Fui a los bosques porque quería vivir deliberadamente, enfrentar sólo los hechos esenciales de la vida y ver si podía aprender lo que ella tenía que enseñar, no sea que cuando estuviera por morir descubriera que no había vivido. No quería vivir lo que no fuera la vida; ¡es tan hermoso el vivir!; tampoco quise practicar la resignación, a no ser que fuera

BUSCANDO LA SEMILLA SAGRADA

¿Cuánto vale esa migaja de pan en tu plato, ese trozo de queso en tu nevera o ese trago de vino en tu mesa? ¿Conocemos quien le da el valor a los productos que garantizan nuestro correcto desempeño fisiológico?

Desde niños, cada grano, cada trozo de comida que nos ha nutrido, nos aportó la energía y la fuerza para llegar hasta donde estamos. Pero, ¿Cuánto costó cada gramo de ese alimento? Quizá te dirijas al supermercado y observes los precios en las estanterías; te darás cuenta. No es tan difícil descubrir cuánto vale cada producto, cuánto gana el almacén, el distribuidor, el mayorista y los transportadores; los precios de vitrina y los documentos de las transacciones dan fe de ello.

Las anteriores son actividades sencillas en donde se gana relativamente bien por llevar alimentos hasta tu mesa; trabajos livianos, amparados bajo sombra y con ayuda de maquinaria y vehículos especializados para llevarlas a cabo.

Pero verás, el verdadero valor de este producto se lo entregaron dos componentes sin los cuales ningún alimento tendría manera de existir: la tierra y el casi mítico y olvidado campesino, quien se encarga de su labranza.

Bajo el sol agreste o la lluvia helada, mantiene con firmeza su misión, igual de sagrada a la del sacerdote o quizá más importante; uno alimenta el alma y el otro alimenta el cuerpo; se puede vivir sin alimento para el alma incierta, no así sin alimentar el cuerpo. La figura de clérigo se halla en decadencia; pero un campesino, mientras exista un estómago vacío será necesario para la humanidad.

Continuamos con este luchador silencioso quien dolorosamente vive una tediosa rutina; deja su casa cabizbajo porque sus hijos lloran de hambre, no tienen uniformes para ir a la escuela o llevan sus zapatos rotos. Conoce su incapacidad para mantenerlos del todo bien, supliendo la mayoría de sus necesidades; entiende que si trabaja obediente y sumiso podrá al menos llenar sus barrigas y abrazarlos tranquilo una vez finalizada su jornada, mientras sus rostros sonrientes y sus brazos abiertos lo reciben en cada atardecer.

Un ignorante dijo una vez: "pues que el campesino deje de tener hijos si no los puede mantener"; pero nada es más dañino para la sociedad que la ausencia de niños en el campo; porque el campo se queda cada vez más solo. Los citadinos odian los trabajos del agro como para ofrecer una solución inmediata al desarraigo del campo y lo peor: la maquinaria económica actual se quedaría sin sus mejores empleados; ignorantes, sumisos, obedientes y aún mejor, baratos.

Al campesino le corresponde mantener un suministro constante de nuevos trabajadores agrarios que garanticen los bajos costos en la mano de obra para este sector de la economía.

Siempre habrá actividades más fáciles y mejor pagas dentro del mundo empresarial, en su mayoría desarrolladas en la metrópoli.

El campesino entonces, cansado de sus trabajos, sus necesidades y sus deseos por cumplir, sopesa en su mente la idea de abandonar su silenciosa estancia e ir a probar suerte en la urbe. Sabe que en la ciudad, la carga laboral se aliviana, y hacer parte de un mundo laboral diferente es una propuesta seductora la cual parece ofrecer alivio a su agotadora rutina; porque él también se cansa. Cada tarde su cintura y su espalda le reclaman por su labor; le duelen los pies, las piernas y los brazos; su cuerpo se mantiene deshidratado por el calor y sus manos se encuentran llenas de callosidades. Quien lo contrata lo ve como otra máquina más de explotación agrícola y lo exige hasta el cansancio, sabe que una persona así resiste cualquier actividad asignada sin el más mínimo reparo, así lo descubrimos como un esclavo auto-sometido sin un mejor lugar a donde ir.

La cuidad parece un buen lugar; pero después de todo, ¿qué sabe hacer? Únicamente acariciar la tierra para cosechar sus frutos; ¿qué hará cuando le pidan conducir un automóvil o escribir en la computadora? ¿Qué hará cuando un ladrón lo amenace con un filo y no pueda entregarle nada porque nada lleva? Morir, morir y morir, como diría un poeta; pero no puede darse tal lujo, tiene barriguitas hambrientas que alimentar, como un ave quien responsablemente entrega en su nido el fruto de su trabajo. La ciudad deja de ser una opción y aterriza sus sueños al lugar y al momento que habita, a la responsabilidad no escogida de recoger los valiosos frutos proveídos por la tierra.

Son frutos ajenos los cosechados por el granjero, pertenecen al verdadero dueño de la tierra, un individuo sometido a la ardua labor de cobrar las ganancias producidas por el sudor de su siervo; un servidor obligado a decir si porque teme a las consecuencias de negarse; un siervo fiel, un siervo sin tierra.

ORGANIZACIÓN SOCIAL ACTUAL: desde los ojos de un esclavo

Lo sencillo siempre nos lleva a lo complejo; la gota de agua conforma el poderoso río; el grano de arena, edifica el árido desierto y un hombre se convierte en el elemento básico de nuestra cada vez más abarrotada sociedad. Cada individuo comparte con el otro la responsabilidad de dar vida a la estructura que garantiza su existencia dentro de la organización humana actual.

Los seres vivos han logrado crear estructuras muy complejas y la desarrollada por el hombre las ha llevado a su máxima expresión. Hemos desarrollado una superestructura cada vez más decadente e inestable, que teje e involucra a todos los habitantes del planeta. Gracias a su perfeccionamiento pudo alejar poco a poco a la humanidad de su verdadera esencia; fragmentó lo básico de las pequeñas organizaciones civiles prehistóricas, usando las piezas sencillas que resultaron de ello para desarrollar su propio rompecabezas, cada vez más grande y complejo.

Los conjuntos sociales construidos en los albores de nuestra existencia eran casi equitativos. En la tribu, con pocos individuos, era casi imposible percibir diferencias sociales marcadas; pero en cuanto el héroe se volvió tirano, se empezó a desarrollar una formación piramidal una entramada estructura que ha logrado perdurar hasta nuestros días.

La estructura piramidal de nuestra sociedad sigue siendo tan nociva como lo era en la época de emperadores y esclavos; aunque la historia y sus actores cambiaron, siempre habrá quienes gocen de sus privilegios y quienes sufran sus desventajas.

No podríamos encontrar un culpable en la actualidad, hállese en la base de la pirámide u ocupando la parte más alta; aunque si logramos hacerlo si hurgamos un poco en la historia. Como factor principal encontramos la legendaria ignorancia humana, la construcción social y mental más importante, el trasfondo y esqueleto de nuestra sociedad; sostenida en las mentes de quienes obedecen pero también de quienes ordenan.

Ignorar la realidad o hacernos ciegos a ella ha permitido que el sistema se mantenga siglo tras siglo aquejando la humanidad.

Quienes tienen un lugar importante dentro de ella, creen y hacen creer que los de abajo los necesitan para existir; de igual manera, quienes se encuentran en un nivel de inferioridad social eligen creer lo mismo porque no tienen más remedio. Ya sea por una educación encaminada al servicio del capital, por simple temor o por el confort que genera la apatía desarrollada desde años atrás después de muchas jornadas de programación; el individuo siempre se encontrará maniatado cada vez que aparezca el deseo de cambio.

Nos encontramos expuestos a una programación efectiva, la misma que entrega como resultado nuestra incapacidad de enfrentar la realidad por más cruel que se presente ante nosotros. "cambiar algo es más difícil que aceptarlo, quedarse estático es la alternativa más indicada".

El resultado de un adiestramiento tan nocivo es el estado pasivo del individuo; se hace incapaz de percibir los quebrantos recibidos y los acepta gustoso; someterse aparece como una adicción difícil de controlar.

Parece casi una necesidad que a nivel social una persona se encuentre sobre otra. Cuando se quiere tener más y nuestras capacidades se ven desbordadas, es obligatorio el usar a otras personas para lograrlo; por otro lado, sobrevivir sin recursos exige someterse al otro sin rechistar. Una forma de organización social diferente pareciera amenazar la vida misma, aunque la naturaleza nos enseñe lo equivocado de nuestras precepciones.

Estar sobre otro a nivel social requiere de una transferencia en donde alguien se vende a un comprador, una forma actualizada de esclavismo en donde el esclavo se entrega a su amo sin necesidad de ser obligado por otro individuo. La recompensa sigue siendo la misma que en antaño: comida, techo y vestido; ahora entregados en papel moneda, con el consiguiente ahorro para el esclavista de la tarea de garantizar tales necesidades a su siervo.

Una vez hemos cerrado el trato de entregarnos voluntariamente a nuestro empleador, renegamos de nuestra libertad y nos convertimos en propiedad privada, empezamos a ser parte de una marca registrada; realizamos una auto-venta en donde el comprador se convierte en propietario y quien se vende a sí mismo, en una mercancía más.

El tiempo es y será la moneda universal. Cada trabajo en el mundo inicia con un suministro de tiempo, elemento que en el fondo es la vida misma de quien lo entrega. El propietario entonces obtiene sus ganancias a costa de consumir la vida de su esclavo. Cuantas más vidas puedes obtener para tu beneficio, más riqueza tienes garantizada, más poderoso te vuelves; lo demostraron los faraones, los emperadores y los reyes de antaño y lo continuamos observando.

Ignorantes todo el tiempo, iniciamos nuestro trabajo con el mismo entusiasmo del niño que recibe un juguete nuevo; desconocedores de la realidad, agradecemos a quien multiplica sus riquezas tranzando cada segundo de nuestras vidas, hasta que la rutina toca a nuestra puerta. El tiempo trae consigo el desencanto; el cansancio hace más evidente nuestra desgracia y el rito diario llamado trabajo se hace repetitivo y tedioso. Cada día se hace más difícil levantarse en la mañana, los jefes se vuelven irritantes a la vista y el oído y finalmente entre una espesa bruma develamos ante nuestros ojos, nuestro estado de esclavos ofreciendo su propia vida en sacrificio para llenar arcas ajenas;

aceptamos dolorosamente tal realidad y nuestra incapacidad para cambiarla.

"Cambia de trabajo" dirán muchos, "monta tu propia empresa" dirán otros, escucharlos solo aumenta la desesperación y la confusión en nuestro interior.

Tal vez decidas continuar en el mismo lugar el resto de tu vida porque ya lo sientes tuyo; sentido de pertenencia dirá el patrón haciendo alarde de tu compromiso con tu labor y de lo importante que eres para la compañía. Militas entonces a su lado defendiendo con tu vida el infundido buen nombre de tus propietarios; esperas hasta la vejez para alcanzar una triste pensión que no podrás disfrutar, pues en definitiva se consumieron tus mejores años, esa valiosa etapa de la existencia en donde disfrutar es más valorado que cuando te encuentras en el decrépito estado de la vejez; te enteras entonces de una realidad innegable, finalmente obtuvieron un esclavo enamorado de su yugo.

Quizá escuches la voz consejera y cambies de trabajo para reiniciar el ciclo; el esclavo cambia de dueño, aparece el niño con su juguete nuevo, la rutina y el tedio renacen, eliges quedarte hasta la decadencia de tu ser o cambias otra vez de dueño para empezar un nuevo ciclo.

Algunos serán más atrevidos, más osados y deciden aceptar el reto de emprender. Fracasar en el intento solamente enseña al esclavo a mantenerse dentro del redil; tener éxito te garantiza recursos para empezar a comprar tiempo, a adueñarse de importantes trozos de vidas necesitadas que elevarán exponencialmente los ingresos de sus explotadores.

El tiempo es y será la moneda universal. Cada trabajo en el mundo inicia con un suministro de tiempo, elemento que en el fondo es la vida misma de quien lo entrega. El propietario entonces obtiene sus ganancias a costa de consumir la vida de su esclavo. Cuantas más vidas puedes obtener para tu beneficio, más riqueza tienes garantizada, más poderoso te vuelves; lo demostraron los faraones, los emperadores y los reyes de antaño y lo continuamos observando.

El sistema nunca pierde, un emprendedor exitoso mantiene aceitada la maquinaria y garantiza su absurda existencia.

Muchos nos atrevemos a concluir que nunca se abolió la esclavitud, solo cambió de forma y de fondo garantizando el flujo constante de riqueza hacia la cima de la pirámide por parte de los muchos que la sostienen. Un sistema milenario pero eficiente, sencillo y fácil de implementar en donde las personas son el combustible utilizado para mantenerlo en movimiento; con la ignorancia como un orador obstinado, repitiendo constantemente: todo está bien.

"Pero no me siento como un esclavo" dirás "puedo ir a casa todos los días, puedo salir a pasear, puedo expresarme libremente; nada ni nadie me obliga a quedarme en donde me encuentro", aunque así lo consideres nada está más lejos de la realidad. Elije dejar de trabajar y serás un mendigo en pocos días; no más comidas sabrosas, ni ropa nueva, ni casa en alquiler o combustible para tu vehículo y lo que es peor: no más aceptación social por parte del resto del mundo. La gente no acepta los vagos, llama perdedores a quienes escogen vivir sin un empleo. Los que eligen una existencia tranquila sin vender ni comprar vidas ya sea la propia o la ajena, son consideradas personas diferentes, peligrosos enemigos públicos que amenazan nuestra integridad; porque vivir sin empleo, sin obtener dinero de una fuente diferente a la empresa privada, es una condena al fracaso total, a que te cierren las puertas de la sociedad sin derecho a regresar.

El sistema usa entonces nuestras necesidades y temores para esclavizarnos, para obligarnos a permanecer dentro del círculo sin esperanza de escapar. Voluntariamente nos entregamos a la obligación de sobrevivir en el mundo actual; aceptamos las amenazas constantes hacia nuestra integridad como un sustituto del látigo y las cadenas utilizados antiguamente para obligar a nuestros antepasados a realizar las mismas labores.

Básicamente trabajamos obligados para suplir nuestras necesidades reales o imaginarias. Al adherirnos al sistema garantizamos comida, techo, vestido, recreación y la necesidad más importante: la aceptación social, mantenerlos alejados del "qué dirán".

LA EDUCACION: elemento moldeador de la conciencia individual

Hace falta quedarse a un lado, escapar por un momento de nuestro presidio mental y observar los toros desde la barrera para digerir todo lo que hasta ahora se ha escrito. Estamos tan inmersos en esta realidad que una manera de pensar tan radical se presenta como una descabellada conjetura.

La tierna infancia se presenta como una gran oportunidad para nuestros captores en su sutil tarea de conservar las tradiciones; somos programados para respetar, servir y obedecer las normas y estándares sociales que nos han regido por años, las cuales son garantes de la estabilidad y permanencia de la pirámide social.

Heredamos de nuestros padres, maestros, cultura y muchos otros factores e instituciones los condicionamientos para una vida en donde hallamos todo prácticamente incuestionable, en donde es preciso cumplir una sola ley: la obediencia ciega a los cánones prefabricados. No hay espacio para el cambio, uno que permita cuestionar hasta el cansancio las normas preestablecidas si con ello se mejora la calidad de vida del individuo.

Una vez se nos enseña a callar y obedecer, se nos concede la herramienta que nos garantizará una vida acorde a la exigida por las normas empresariales; la misma con la que abordaremos a los demás con el claro objetivo de superarlos; la competencia.

"Debes ser el mejor" es un mantra que nos acompañará a lo largo de nuestras vidas; el no mantenernos acordes con él, generará todo tipo de desaprobaciones en quienes interactúan con nosotros durante nuestra cotidianidad.

Es exigencia absoluta convertirnos en el mejor estudiante, empleado, soldado, hijo, padre, hermano, amigo y un sinfín de oficios los cuales enfrentamos a lo largo de nuestras vidas. Lógicamente fracasamos en la mayoría de actividades pues la perfección en todos los niveles de nuestras vidas es un cometido prácticamente inalcanzable, aún más si evidenciamos que competimos contra otros quienes también buscan superar a los demás.

¿A quién beneficia en realidad el hecho de convertirnos en los mejores, de ser altamente competitivos? Obviamente a nosotros no. exigirnos más nos deteriora de manera continua, física y mentalmente. Creemos en la búsqueda de lo mejor para quienes nos abusan, mismos que nos hacen pensar que lo mejor para ellos es lo mejor para nosotros.

La educación nos programa para ser superiores. La dulzura y el reconocimiento de ser el mejor nos lleva a exigirnos más y más; este comportamiento es promovido desde el seno de nuestra familia, el colegio y finalmente aunque no siempre, la universidad. Una vez estamos listos para acceder al mercado laboral ya estamos completamente programados para replicar nuestras experiencias competitivas en el desarrollo de nuestras actividades. La búsqueda constante de convertirnos en el mejor empleado, beneficia únicamente a nuestro empleador y degrada a nuestros competidores cada vez que nos destacamos.

Un empleado que quiera superar a los demás, que mantenga un deseo de devorar a sus competidores es sumamente valioso para una compañía. La mediocridad laboral parece una aberración que habita la mente del trabajador y no queda más remedio que sacudirla, avanzar en la carrera sin quedarnos atrás, buscando dejar rezagados a la mayor cantidad de contrincantes posibles. Finalmente alcanzamos una meta amorfa en donde solo ganamos el vacío de saber que la vida es algo más. Corremos llenando bolsillos ajenos atados con las cadenas de nuestra ignorancia, tratamos de mantener un podio que es tan efímero como un día soleado en medio del más crudo invierno.

La competencia penetra en nuestra vida como una espada afilada y ocupa cada espacio dentro de ella. Queremos ser superiores, más inteligentes que otros, más sabios que otros, más humildes que otros; competimos con nuestros compañeros, vecinos y amigos; buscamos superarlos con el mejor auto, la mejor casa, el mejor reloj, el mejor registro de ventas; todo esto en beneficio de nuestros captores quienes aprovechan esta condición para maximizar su productividad y por ende sus ingresos.

La competencia laboral de los empleados garantiza la obtención de un mejor producto en el menor tiempo posible, un beneficio grato a los ojos del propietario.

Competimos también en sociedad por poseer el producto de mejor calidad, de último modelo y a la moda, lógicamente esto también beneficia al propietario. Hay una caricatura cuyo nombre no recuerdo muy bien, en donde el villano usa un rayo que convierte a las personas en simios para obligarlos a trabajar en sus fábricas; luego el villano usa otro rayo que los devuelve a su forma normal y son ellos mismos quienes compran los productos que habían fabricado anteriormente en su forma de primate; el ciclo se repite una y otra vez haciendo que el villano gane una fortuna. Lejos de ser una caricatura, ésta es una muestra de la sociedad de la que hacemos parte, en donde evidenciamos un ciclo interminable de producción y consumo en donde somos fabricantes y compradores al mismo tiempo.

Esta comparación pone en evidencia la facilidad con la que se nos puede programar a nivel cerebral, una debilidad vulnerada una y otra vez por nuestros controladores. Usando los canales visuales y auditivos recogemos información del entorno otorgándole un juicio de valor, filtrándola por nuestra experiencia y formación anteriormente recibida. Al crecer esperando siempre el permiso de la autoridad de turno para actuar y con la creencia de que sus palabras y actos son los correctos y no se pueden contradecir, estamos programados para aceptar casi todo lo que nos presentan sin la más mínima oposición. Una programación de este tipo se combina con la necesidad de aceptación social resultando en una poderosa herramienta de control al servicio de intereses particulares.

Para mantener la producción elevada, solo basta utilizar herramientas motivadoras en donde el empleado escucha lo que quiere oír, así parece que al aumentar su ritmo de trabajo, al esforzarse al máximo, entregando más de su tiempo y aceptando contratos desventajosos se está beneficiando de alguna manera.

El motivador aparece en la escena como el sacerdote de los empresarios, su misión es mantener al empleado en su puesto de trabajo, con la moral alta y el trabajo constante. El empleado con su mente anestesiada por la euforia que producen sus palabras es incapaz de sentirse incómodo con lo que hace; se muestra como un mártir empresarial, una víctima de las circunstancias a la espera de nuevas y más convenientes oportunidades; que hace lo mejor que puede con lo que se le brinda, sacrificándose por la compañía a la espera del reconocimiento de su entrega por parte de sus superiores.

Nos gusta ser reconocidos por nuestros esfuerzos porque hemos puesto nuestra autoestima como una mascota tierna que todo el mundo está en la obligación de mimar y acariciar; esto es usado en nuestra contra. Exigirse cada vez más, caminar otro kilómetro, dar todo de sí, entre otras frases trilladas son usadas a menudo dentro del ámbito empresarial, con ello, continúan atontando nuestro sentido común y capacidad de juicio.

La necesidad de aprobación aparece de nuevo, además de nuestros miedos y anhelos más profundos, los cuales podrían considerarse nuestro talón de Aquiles, y la programación verbal y auditiva la flecha que los atraviesa una y otra vez en el diario bombardeo motivacional y publicitario presentado por nuestros captores.

Para elevar las ventas se usa publicidad en donde se demuestran beneficios que el cliente recibirá usando un determinado producto o servicio, aunque no lo necesite en realidad. Se crean necesidades innecesarias e inexistentes para obligarnos a consumir a toda costa, so pena de ser rechazados en caso de no hacerlo. Ejemplos claros como el automóvil, el celular y las redes sociales son muestras de elementos que carecen de importancia a la hora de desempeñarnos como humanos, pero que nos hacen ver como bichos raros en caso de no utilizarlos en nuestras vidas. Es impensable en la actualidad que una persona prescinda del uso del celular o las redes sociales, hacerlo es garantizarnos obstáculos al relacionarnos con los demás.

El miedo al fracaso aparece como un aliado para los titiriteros de nuestras vidas, este va acompañado por nuestro deseo de ser aceptados o lo que vendría siendo lo mismo, nuestro miedo a ser rechazados. El fracaso nos condena al exilio emocional, empezamos a vernos y a ser vistos como alguien quien fue expulsado del edificio habitado por niños buenos y obedientes. El miedo al fracaso se da desde los primeros años, en donde padres y maestros nos juzgan cuando la mediocridad se refleja en nuestras vidas. La perfección no es más que una idea absurda de una condición humana, pues no existe un consenso real sobre lo que caracteriza la perfección, al igual que la belleza; lo que para alguien puede ser bello y perfecto para otro puede ser burdo y feo. Somos educados para buscar la perfección y la belleza desde nuestros inicios en la vida, rechazamos lo que ante nuestros ojos es imperfecto o amorfo; equiparamos éxito con perfección y belleza y fracaso con imperfección y fealdad.

Necesitamos de muy poco para vivir bien, pero está en nuestra mente pensar que poseer poco y no aspirar a más está relacionado con el fracaso. Complicamos nuestras vidas tratando de poseer más y más en una eterna búsqueda de aceptación intentando impresionar a los demás. Eliminamos de nuestro enfoque el bienestar propio en todos los aspectos para entregarnos a una vida intrascendente, en el sinsentido de esclavizarnos para vivir una vida artificial al servicio del sistema.

La educación actual tiene como principio separar al individuo, volverlo egoísta, hacerlo amigo de los gobernantes descubriéndolos como sus salvadores; de esta forma se adhiere subyugado a un modelo social predeterminado. Nacionalismo, fronteras dentro y fuera del país, partidos políticos, ideales opuestos, competencias económicas, educativas y deportivas; son términos que demuestran como estamos separados y enfrentados unos contra otros; una muestra sencilla de esta es que cada gobierno tiene sus opositores y sus defensores. El principal obstáculo a vencer son las ideas que sostienen la sociedad; reconocer a cada humano como un ciudadano global y reducir los niveles de competencia a un punto nulo, nos deja en un momento armónico que permite tomar decisiones concertadas para el mantenimiento del bienestar social.

Además de la educación, el trabajo y las necesidades que mediante éste se suplen, mantienen a las personas a raya; incapacitando su capacidad natural de revelarse contra lo que le incomoda. Un horario estricto, un salario bajo y la imposibilidad de conseguir una fuente de ingresos diferente; obliga al trabajador a someterse a un patrono y a todo lo que ello conlleva.

Es preciso cambiar de enfoque: no es nuestro jefe quien nos da de comer, es nuestro trabajo; es más somos nosotros quienes garantizamos que él tenga pan en su mesa para sí y su familia.

PROPIEDAD EGOÍSTA

Las personas dueñas de las tierras no las habitan ni las explotan, es el asalariado quien siembra y recoge el fruto para entregar los beneficios al propietario. El asalariado no siembra, no produce para sí mismo porque es el heredero de la miseria de sus antepasados, como lo son la mayoría de los terratenientes de los suyos y sus riquezas.

"Nada le impide a nadie tener lo mismo que yo he conseguido" es una cita repetida constantemente por los dueños, aunque ciertamente mucho de lo ya logrado haya sido heredado. No hay nada más absurdo que suponer una competencia justa cuando unos gozan de privilegios de los que otros carecen.

La vida es como una carrera en donde unos vamos de a pie, otros de a caballo y otros en bicicleta; pero hay otros con mejor fortuna que la inician en moto, carro o incluso en avión. Finalmente están los que no necesitan correrla porque alcanzaron la meta por ellos desde hace generaciones. Cuando el que va caminando en la carrera puede andar a caballo o en bicicleta ¿en dónde se encuentran quienes iniciaron con mejores privilegios? Seguramente muy lejos.

Obtener lo que se desea siempre es más difícil para quien no tiene, pues no es lo mismo hacer dos pares de zapatos diarios y venderlos por diez monedas quehacer veinte mil en el mismo tiempo y venderlos por una. Competir de esta forma es una puerta al fracaso, un callejón de regreso al redil en donde nos esperan las masas de esclavos; por ello emprender para un trabajador, convertirse en propietario, es una tarea ardua y casi imposible de realizar.

El sistema se ha desarrollado para que muchos produzcan y pocos ganen, cuando un emprendedor tiene éxito, sea que creó una nueva empresa o adquirió una parcela en el campo, necesitará de mano de obra nueva para poder producir. Esa mano de obra la entregan nuevos asalariados que mantienen las mismas condiciones en las que se hallaba nuestro anterior asalariado ahora propietario.

Éste es un ciclo eterno. Por cada asalariado que logra superar al resto y se independiza, muchos otros aparecen para enriquecerlo con el fruto de su trabajo, su tiempo, su vida misma.

El egoísmo emerge como el primer obstáculo cuando se intenta frenar el sistema, nadie quiere ceder un poco de lo que ya tiene para comenzar el proceso de cambio; una ambición desorbitada nos enceguece evitando el encendido de la mecha que hará mover una nueva maquinaria más humana, más sencilla; que nos permitirá volver los ojos al campo; en donde inició todo y desde donde todo renace.

EL CAMPO: AGENTE DE CAMBIO SOCIAL

El campesino también es un eterno esclavo, no tiene tierra y aún así siembra y cosecha cada día; con su trabajo individual decenas de familias son alimentadas; pero las ganancias de su trabajo igualmente van a parar a manos de un patrono.

Día con día, millones de campesinos saludan el sol labrando la tierra, con la mirada al piso, con la resignación obligada de quien nada tiene y por ello debe someterse, mientras los patronos disfrutan el privilegio de estar sobre ellos. Nunca antes la esclavitud fue tan grande ni tan invisible a los ojos de la humanidad; lo que aparece normal para todos, es realmente un modelo de explotación silencioso al servicio de la mayoría de actores sociales, pues finalmente todos salimos beneficiados del trabajo del agricultor.

El patrón es dueño del trabajador, pero existe una gran diferencia entre el campesino y el obrero urbano; el último recibe su seguridad social cada día de su labor, a pesar de su estado esclavizado. El obrero sabe que mientras se halle sometido, un seguro lo protege en caso de accidente; si alguna enfermedad lo incapacita recibirá su sueldo aún sin presentarse a laborar y en un día lejano podrá acceder a su jubilación; en resumen un esclavo con privilegios.

El campesino, propiedad privada de su empleador, no posee ningún beneficio. Labora pesadas y largas jornadas sin pagos de horas extras o algún tipo de prestación, puede ser desechado al antojo del patrón cuando así lo considere sin afectarlo de ninguna manera y en caso de caer enfermo por mucho tiempo, encontrará un reemplazo a su regreso.

Obreros y campesinos viven una vida deprimente en donde se despedaza nuestra naturaleza libre en su mayor parte. Deben dar una explicación por cada cosa que hacen o dejaron de hacer, cumplir normas e indicaciones al pie de la letra aunque no comulguen con ellas y entrar en total sometimiento a sus empleadores so pena de ser expulsados del círculo empresarial en caso de negarse a cumplir los mandatos.

En todo caso, siempre se deben presentar agradecidos; "deberías estar satisfecho por tener un trabajo, gracias a nosotros puedes comer, pagar el alquiler, tu auto y tus otras deudas, sin nosotros no eres nada"; verídica muestra de que el sistema crea tus necesidades y te obliga a servirle para cubrirlas.

"Es mejor levantarse a trabajar que a buscar trabajo" dice la frase de cajón dicha muy a menudo, creer tal disparate elimina todas las opciones de desarrollar las ideas emancipadoras. Hacer algo diferente parece absurdo e imposible, así han mantenido la humanidad atada a una yunta durante milenios, arando la tierra para los mezquinos que se quedan con el fruto de nuestro trabajo.

Quienes deberían agradecer son las personas quienes con trabajo ajeno han llenado sus estómagos y bolsillos durante años, por haber logrado conservar sus bienes, avaricia y egoísmo intactos hasta nuestros días.

Hoy muchos miran con desesperanza el panorama sin hallar ninguna salida que garantice un cambio de fondo, aunque siendo optimistas lo encontraremos en un lugar que jamás nos hubiéramos imaginado.

VOLVER AL CAMPO

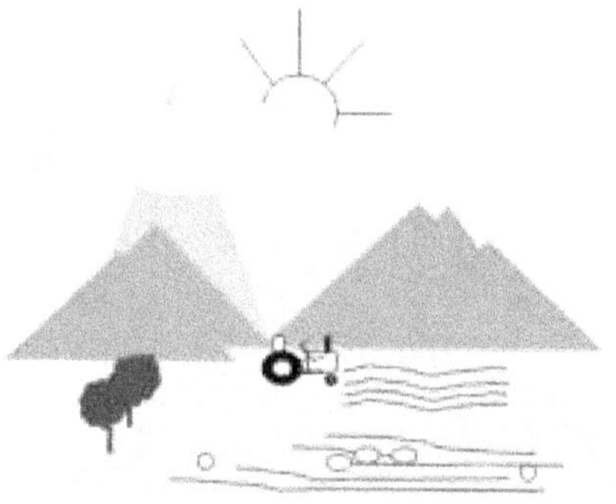

La industria asoló el campo con sus supuestas mejores oportunidades para sus empleados, los campesinos escaparon en masa de los labrantíos para hacinarse entre muros de concreto enfrentándose a la lóbrega realidad que mora en las ciudades.

La vida tranquila se volvió agitada; el miedo a los peligros de una selva de cemento se hizo evidente con cada caminata sobre el asfalto. Todo, hasta lo más insignificante, aquello que la granja obsequió a sus hijos cobró valor comercial; cada gramo de comida fue retenido entre arcas y cobrado a un precio elevado para quien lo exigió como medio de supervivencia; ridículo proceder si recordamos que la tierra nunca cobra lo que produce.

Una vez migró el campesino de sus tierras, se convirtió en citadino; miró por encima del hombro a quien se quedó en el arado llamándolo andrajoso e ignorante, sintiéndose superior a él y degradando el sagrado trabajo del agro a un mísero empleo indeseable para cualquier ser humano. Tristemente tales concepciones no están del todo erradas, un trabajo de por sí difícil y mal pago es indeseable para cualquier ser humano; pero no es culpa del agricultor enfrentarse a tal realidad si no de los egoístas que han mantenido y aún mantienen en sus manos cientos, miles o millones de hectáreas, incapaces obviamente de labrarlos por sí mismos.

El campo ha sido profanado por el capital, de su quietud de antaño solo quedan los recuerdos relatados por unos cuantos viejos que aún nos sobreviven; por esta razón le corresponde y a sus habitantes frenar el ritmo acelerado con el que avanza esta corriente social, limar su filo corruptor que infecta todo a su paso.

Es una exigencia para el cambio que el campesino se convierta en propietario de la tierra que labra, toda la cantidad que en sus fuerzas se halle capacitado de explotar, una porción suficiente la cual le permita alimentar a su familia con el pan coger y comerciar con los excedentes que seguramente serán bastantes, aunque obviamente no desmedidos. Dos o tres hectáreas son suficientes para que una familia viva con holgura, para ello es necesario hacer consciente al campesino de la importancia de producir su propio alimento, siendo esta una prioridad antes de intentar lucrarse con el comercio.

Una de las fallas más notables y que han llevado al campesino una y otra vez a la bancarrota, es intentar competir contra un terrateniente cuyos recursos técnicos, económicos y tecnológicos están muy por encima de los suyos. Usar el predio completo en el desarrollo de un monocultivo o explotación pecuaria única, deja en clara desventaja al granjero a la hora de mantener sus actividades de supervivencia.

Es claro entonces que la diversificación agropecuaria dentro de un minifundio, es la clave del éxito en la permanencia del campesino como un ente independiente dentro del sistema.

Los continuos problemas económicos manifiestos dentro de la sociedad y las fluctuaciones en precios de alimentos, insumos y herramientas causan inconvenientes al pequeño productor generando perdidas en sus actividades mercantiles. Cuando un predio individual se ha diversificado es casi inalterable por tales contrariedades pues su función principal es la de garantizar el alimento de sus propietarios antes que intentar entregar una elevada producción de un único producto.

Garantizar el alimento a un individuo haciendo que lo gestione el mismo en un terreno asignado, soluciona sus necesidades básicas y las de su familia en todas las etapas de la vida.

Así el consumo de carbohidratos, proteínas y demás nutrientes esenciales para el correcto desarrollo de las funciones del cuerpo humano parecen estar más que cubiertas mediante este sistema, entregándonos la moraleja interesante de "ambición reducida, alimento seguro".

La ventaja social que más atrae a quien busca su libertad total, es la posibilidad de usar el tiempo a su antojo. Al ser su propio dueño, garantiza una considerable reducción en las horas de trabajo y carga laborar, también puede hacer desaparecer los estrictos horarios de los empleos rutinarios.

Desaparece el patrón y nace el propietario individual, aquello que actualmente se considera necesario para la vida social empieza a desmoronarse como fichas de dominó. Desaparece el intermediario quien también se ha enriquecido con el fruto del trabajo campesino; desaparece el mercader cuyas estanterías repletas le han permitido llenar sus bolsillos mediante el acaparamiento de los productos y la estafa que trae consigo el lucrarse con la necesidad más importante del pueblo.

Aquello que parecía indispensable para la vida misma decae para dar paso a la asociación y la cooperativa como respuesta a las necesidades que trae consigo el desarrollo de una cadena productiva.

Consumidor y productor se acercan, el ritmo de la vida frena y las prioridades cambian. Descubrimos que la publicidad nos engaña creando nuevas necesidades, nos hacemos consientes del daño que causa a nuestra persona, haciendo con ello que la necesidad de aprobación disminuya, pues finalmente esa es la finalidad de la propaganda comercial.

VIVIR ORGÁNICO

Uno de los beneficios de suma importancia al implementar un sistema de producción integral es la posibilidad de cultivar de manera totalmente orgánica, disminuyendo el gasto de insumos drásticamente. La reducción creciente o la eliminación total del uso de pesticidas y abonos químicos, garantiza tres efectos importantes tras su implementación.

Inicialmente encontramos los beneficios directos para la salud de quienes consumen los productos cultivados orgánicamente; pues es bien conocido que los alimentos obtenidos mediante explotación intensiva, absorben los tóxicos que le son aplicados para el control de sus enfermedades para ingresar luego a nuestro organismo.

El siguiente beneficio que encontramos con la fertilización orgánica es la mejora de la tierra y la recuperación de sus características físico-químicas, además de la protección de los microorganismos e insectos benéficos que mantienen su hábitat en los cultivos.

Por último, el resultado de estas prácticas dentro del predio individual es la eliminación sostenida del uso de agroquímicos suavizando así el negocio más nocivo para la salud de la humanidad y la tierra que haya existido.

Cultivar orgánico es volver a las actividades milenarias de nuestros ancestros, comulgando con la tierra que nos sostiene y nos mantiene; es recuperar el arte de vivir despacio sin las ambiciones del propietario actual quien obliga a la tierra y las plantas que siembra a producir más y más sin importar los daños que a corto, mediano y largo plazo causa a los delicados ecosistemas agrícolas. Recuperar la tierra de quien egoístamente la posee y volver a las actividades que nos sostuvieron durante siglos en las prácticas agrícolas es responder sabiamente a las ofensas que nos hace en la cara el sistema piramidal.

La producción orgánica puede ser barata si producimos nuestros propios insumos. El estiércol aparentemente material de desecho es el principal actor de un programa orgánico; una granja integral garantiza un suministro constante y gratuito de este elemento. El insumo más importante a la hora de producir de manera orgánica es la mano de obra campesina, la cual le da el verdadero valor de mercado a la hora de realizar la comercialización de los alimentos. Las demás prácticas y los productos necesarios para la fertilización y el control de enfermedades son fáciles de cultivar dentro del predio o baratos de obtener en el mercado.

EXCEDENTES DE PRODUCCIÓN

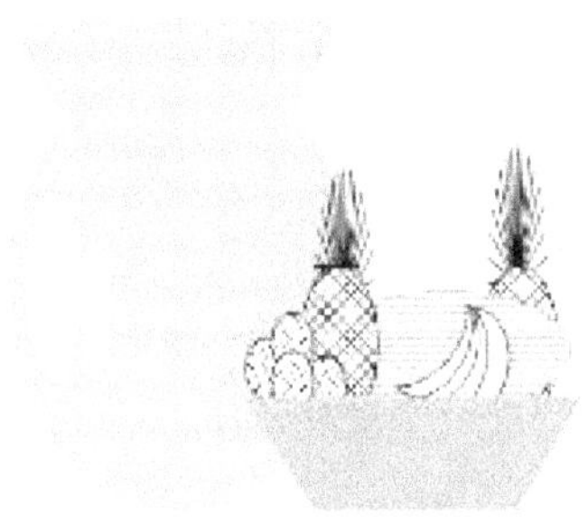

El terrateniente actual conoce de primera mano la capacidad de una sola persona para mantener una producción elevada, comprende el cómo las fortunas se incrementan exponencialmente entre más individuos participen de un proceso de explotación.

Un lucro de tal magnitud gracias a los excesos que somos capaces de generar, nos lleva a suponer que poseemos la capacidad de llevar a buen término un proyecto de producción individual.

Para un propietario que pretenda mantener sus parcelas por sí mismo es imperante que las explote con la finalidad de su propio sostenimiento y también obtener un lucro con los excedentes de su trabajo.

Un campesino tiene la capacidad de producir alimentos para muchas personas; una vez ha estabilizado su producción garantizando la alimentación de su familia, podrá obtener como excedentes alimentos de primera calidad para comercializar con las personas que los requieren.

Basta una vaca, unas cuantas gallinas, algunos cerdos y conejos además de buenos sembrados orgánicos para asegurar la alimentación de su núcleo familiar y la de varios otros, a un precio razonable.

La variación de los precios de los alimentos parece incontrolable dentro de la economía actual; una solución directa es recibirlos del campesino quien los obtiene a bajo costo aplicando las buenas prácticas de producción agropecuaria orgánica, mediante actividades que garantizan la baja fluctuación en sus precios.

DISTRIBUCIÓN Y COMERCIALIZACIÓN

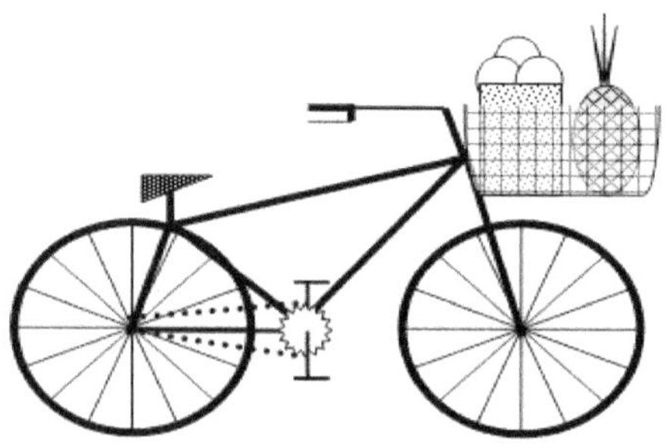

Alimentar la sociedad a bajo costo y saludablemente no es una tarea titánica como aseguran muchos conocedores sobre el tema. La producción industrial nos convierte en personas dependientes del sistema haciéndolo indispensable para sostener la vida misma. Hoy es preciso un cambio profundo de paradigma para desvanecer las supersticiones inculcadas sobre la desaparición de las grandes industrias.

"Divide y vencerás" grita el antiguo adagio aplicado todavía en la actualidad por las maquinarias sociales que nos rigen, "la unión hace la fuerza" aparece en contraposición a esta realidad y debemos apegarnos a esta idea para lograr un cometido eficaz.

El encarecimiento de los productos está directamente relacionado con la cantidad de entidades que participan en la cadena productiva desde su producción inicial hasta la llegada al distribuidor final. Algunas veces aparecen varios mayoristas y distribuidores antes de entregar los alimentos al consumidor o a la industria encargada de su transformación.

La solución directa a este problema es la creación de asociaciones de productores y consumidores con centros de acopio administrado por estas. Pero es la misma comunidad quien debe encargarse de ello, nadie lo hará por nosotros; no podemos esperar que los benevolentes gobiernos o los humildes empresarios nos entreguen un sistema que en poco tiempo los hará innecesarios y obsoletos; son nuestras decisiones y acciones las que llevarán a feliz término el destino de la humanidad.

Un sistema sencillo y efectivo puesto en marcha en donde el campesino produce dentro de una organización y entrega de manera directa al consumidor final productos frescos y de alta calidad.

Los paradigmas destructivos deben ser eliminados de la sociedad, un cambio profundo requiere una búsqueda de una libertad más real.

Emancipar la humanidad no es tarea fácil debido a los factores que nos rigen en la actualidad, pero cuando un estado se rige por la democracia, es el pueblo quien finalmente tiene la última palabra; cuando el pueblo habla, los gobernantes hacen

silencio y actúan, para bien o para mal
siempre existe una respuesta.

EL INMINENTE CAMBIO URBANO

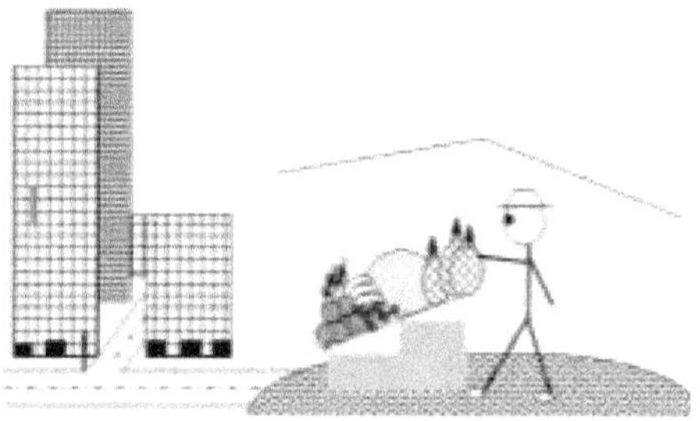

El campo continuará alimentando la urbe. Regresar a los arados puede ser la elección más acertada del individuo, pero quedarse en la ciudad sigue siendo una buena opción, para quien desee convertirse en agente de cambio urbano.

Cubierta la primera necesidad del ser humano desde los campos, la urbe está lista para una transición.

Todo empieza una vez develamos a profundidad la pieza que esclavizó a la humanidad de la forma más eficiente jamás creada. La fábrica arrebató al labriego del campo gracias al desarrollo de maquinaria que permitió desarrollar una labor de la forma más rápida, eficiente y barata posible; entregando la promesa de un trabajo liviano y bien pago para quien se adhiriera a ella.

Las máquinas fueron pensadas para aumentar el margen de ganancia del productor y no para mejorar la calidad de vida de los individuos que las operan. Esta ganancia en tiempo y dinero debió reducir las jornadas de trabajo de los obreros y aumentar su salario; contrario a ello, elevó exponencialmente las riquezas del empresario y continuó con la explotación desmedida del empleado. El capitalismo desbordado hizo a un lado al individuo para favorecer la fábrica.

Está claro que es muy complicado emprender con éxito dentro de una industria tan competitiva y especializada, incluso si logramos reducir costos y producir con mejor calidad. El entramado empresarial ya establecido es casi imposible de desmantelar, al menos sin un esfuerzo conjunto entre todos los actores interesados.

Nos corresponde entonces responder a un desafío desde todos los puntos posibles.

El intercambio continuo de información y productos entre las organizaciones campesinas y urbanas es la llave que abre la puerta del cambio.

La relación entre las organizaciones productoras y de consumidores, deben de garantizar clientes para cada elemento generado.

Desarrollar talleres industriales individuales no solo elimina la figura del patrono si no que le permite a un único operador tomar las decisiones que afecten el rumbo de su auto-gestión.

Los gremios y cooperativas que decidan crear su propia fábrica en donde se ocupen varios empleados deben garantizar un proceso horizontal en donde nadie se sienta explotado y pueda aportar sin inconvenientes en las decisiones de fondo de la asociación.

Campo y ciudad deben aglomerarse para un intercambio de productos, de esta manera se asegura la existencia de las unidades de producción y se elimina la dependencia de las grandes empresas.

PROPIEDAD Y TERRITORIO

La naturaleza es justa en la repartición del territorio brindando a cada ser el espacio que necesita para sobrevivir; las abejas poseen su colmena, las hormigas habitan el hormiguero, los lobos sobreviven en su territorio. Si los individuos crecen, el territorio se expande acorde a su desarrollo; nunca más, nunca menos; el proceso es tan eficiente que garantiza la cantidad de trabajo justo para alcanzar la subsistencia social completa y la optimización de los recursos.

Por muchas razones, la propiedad privada debe continuar como un derecho natural, en las cantidades precisas que garanticen la horizontalidad social.

La propiedad privada pierde su esencia cuando aparece el acaparamiento, cuando el propietario excede sus capacidades laborales para mantener sus bienes por sí mismo y se desboca a contratar personas para completar sus tareas, con la obvia consecuencia de un aumento de bienes y la esclavización de individuos quienes deberían estar explotando sus propios patrimonios.

El acaparamiento es simplemente el resultado de una educación que nos dicta nuestra obligación de ser superiores de los demás, cambiar unas ideas tan arraigadas especialmente en los grandes latifundistas es una tarea complicada. Seguramente habrá una oposición peligrosa como lo ha sido en todos los momentos de la historia en donde las ideas nuevas y provechosas hacen temblar los cimientos de una sociedad ya establecida.

Tengamos presente que hace poco la monarquía fue abolida por la república, cosa que para muchos en aquella época parecía absurdo, prácticamente imposible. Cada vez que la humanidad descubre que un sistema social no le beneficia se pone en la tarea de reemplazarlo; ésta vez debemos hacer una transferencia menos agresiva y más humana hacia un cambio positivo para todos, o al menos, para la gran mayoría.

LOS GOBIERNOS COMO AGENTES DE CAMBIO

Hay varios factores importantes que la sociedad debe considerar a la hora de garantizar una libertad casi completa del individuo:

Tierras para el campesino, las suficientes para desarrollar un proyecto productivo individual completo garantizando su propia alimentación y los excedentes suficientes para alimentar a quienes habitan las urbes.

Prohibición para contratar empleados, obreros o campesinos para desarrollar actividades productivas de carácter privado. Puede parecer descabellado pero mientras existan personas que contraten a otras para obtener un beneficio privado, la esclavitud continuará vigente dentro de nuestra sociedad.

Generación de oportunidades y garantías para el emprendimiento urbano mediante el desarrollo de talleres especializados y el fomento de agremiaciones de productores urbanos.

Establecer un proceso bien estructurado a la hora de establecer un cambio, garantiza la reducción de factores dañinos como la corrupción o desviación de fondos. Las asociaciones serán las encargadas de gestionar, vigilar y ejecutar los recursos que se asignen a los proyectos.

La entrega de tierras para unidades productivas agrícolas debe estar precedida por la creación de organizaciones campesinas, así como de asambleas populares cuyo principal objetivo es la de una participación igualitaria para todos sus integrantes.

Los recursos agrarios deben ser administrados por los campesinos mediante sus cooperativas y asociaciones para reducir el abuso de los mismos por parte de terceros, ya sean entidades gubernamentales u organismos de administración privados.

HOMBRE LIBRE Y DESCALZO

¿Qué hacer cuando todas nuestras necesidades están cubiertas?¿cuando el deseo muere y tenemos claro que todo lo que llegue no suma ni resta en nuestras vidas porque somos seres en decadencia y nada nos llevamos a la tumba?

Cuando logramos completarnos sin esperar nada, podemos respirar y vivir conscientemente, la tranquilidad llega a nuestras vidas y comenzamos a percibir una existencia bella y real. Cambiamos la realidad en el mundo, un mundo en donde todos trabajan en libertad, a su gusto y tiempo en donde nadie esclaviza ni es esclavizado.

Empiezan a desaparecer las fronteras y el vecino se convierte en hermano, aquí el político se hace innecesario porque gobierna el consenso del pueblo, la asamblea de todos.

Todas las necesidades falsas se esfuman; incluso la ropa aparece superficial, descubrimos que la naturaleza nos hizo y nos prefiere desnudos.

Llegamos desnudos a un mundo desbordante de recursos, todo empieza con nuestra desnudez; posterior a ello, las exigencias para sobrevivir a lo largo de nuestras vidas son mínimas.

Además de dormir correctamente, existe una necesidad fisiológica que exige ser resuelta en ese momento y durante el resto de nuestra existencia: alimentarnos.

Vestido y refugio vienen luego como exigencias necesarias pero prescindibles para enfrentar el entorno del planeta.

Finalmente aparecen las necesidades impuestas por otros, estas nos convierten en organismos sintéticos quienes niegan su aspecto natural en busca de acoplarse en la sociedad.

En un escenario soñado podemos vivir como nómadas desnudos, alimentándonos de lo que la tierra nos brinda en completa gratuidad, así como lo hacen los demás seres vivos; pero esta sí es una utopía.

El planeta está drásticamente modificado y no es posible garantizar el nomadismo natural de nuestra especie; como opción inmediata podemos elegir labrar la tierra, sembrar y cosechar totalmente gratis al abrigo de nuestra madre tierra.

De la tierra obtenemos la semilla, el abono y un espacio en su vientre para fecundar el alimento que nutre durante cada segundo de nuestra existencia nuestros cuerpos desnudos, generando una relación profunda en donde las demás actividades humanas actuales se hacen innecesarias al igual que los accesorios forzados que nos adornan.

Existen tres necesidades básicas de obligatorio cumplimiento para garantizar una existencia cómoda y tranquila: comida, refugio y vestido, una vez solucionados nos encontramos viviendo en nuestra mínima expresión. Únicamente necesitamos el alimento para sobrevivir; nos lo enseñan las comunidades que vivieron y aún viven en total desnudez y armonía con la naturaleza. La caverna y el fuego protegen al hombre de la lluvia y del frío nocturno, el río y la sombra del árbol lo mantienen fresco y protegido del sol en los días despejados.

La desnudez humana es el mayor acto de rebeldía que podemos presentar al sistema. El cuerpo desnudo revela la verdadera esencia del individuo y destruye los morbosos paradigmas adoptados durante siglos, los cuales nos enseñan que la desnudez constituye un pecado ante los ojos de dioses y hombres; aunque nuestros ojos evidencien que la naturaleza trae al mundo en total desnudez a todas sus criaturas, les permite vivir así durante toda su vida y finalmente de igual forma los reclama.

En un mundo ultraconservador empecinado con mantener su sistema social actual, no queda más remedio que convertirnos en transgresores positivos dispuestos a devolver a la humanidad y al planeta que habita a su estado natural.

El hombre evolucionó en una aberración y no solo sometió a la tierra que le otorgó vida desde su primer respiro, sino también a sus hermanos para llevar a cabo los mezquinos propósitos de acumular más y más para sí, olvidando la cruda realidad que nos abriga: la tumba nos espera con las manos vacías y justo así es como llegamos.

El planeta agoniza o mejor se transforma gracias a las acciones humanas, poniendo en peligro nuestra existencia en él.

Revertir el daño convirtiendo la tierra en nuestra desinteresada abastecedora es una manera de compensar nuestras acciones en contra del ecosistema mundial.

Es tiempo de desacelerar la rueda, de desnudar nuestros pies permitiéndonos acariciar nuestra sustentadora, de liberar nuestras manos para acariciar y agradecer a la planta que nos nutre, al agua que nos habita; es tiempo de volver a ser nómadas desnudos, o en este caso estoicos desnudos.

EPÍLOGO

Cuando un campesino decide empezar a escribir sobre las realidades sociales y como enfrentarlas lo hace porque se encuentra cansado de las largas jornadas de trabajo, los esfuerzos inhumanos en la realización de las tareas asignadas y la humillación a la que se exponen él y sus compañeros por parte de los patronos.

Un patrón es un demonio que consume las vidas de sus esclavos, siempre exigiendo más y más, nunca está conforme con el desarrollo de las tareas que asigna y vive en continuo alegato sobre el rendimiento de las mismas. Siempre hambriento de dinero, de poder; repite la consigna como una oración diaria ante sus empleados:

"no puedo perder dinero", demostrando con estas palabras la mezquindad y el egoísmo que lo habitan.

No soy escritor, soy un campesino que hoy propone un cambio al resto de la humanidad; esto no justifica los errores en la elaboración de un manuscrito que se dirige al resto del mundo, pero me obliga a pedir disculpas por ello. Puede más la indignación de una vida mancillada que el miedo al rechazo o a una crítica por parte de los lectores; quienes de seguro descubrirán la ausencia de manos profesionales en la corrección y edición de un texto que entrego tosco y rústico como las manos de quien explota la tierra; resultado de escribir sin recursos.

Escrito está lo que está escrito, ofendido o satisfecho amigo lector, doy gracias por regalar un poco de su tiempo para leer estas líneas, tiempo que constituye la vida misma y que espero use para mejorar o degradar mis ideas.

www.ingramcontent.com/pod-product-compliance
Lightning Source LLC
Chambersburg PA
CBHW061332120726
48001CB00002B/814